Doris Schulte

Ich finde keine Ruhe mehr!

Doris Schulte

Ich finde keine Ruhe mehr!

Zeit gewinnen für sich selbst

Brendow
impuls

Brendow impuls

Die Deutsche Bibliothek – CIP-Titelaufnahme

Ein Titeldatensatz für diese Publikation ist bei

Der Deutschen Bibliothek erhältlich.

ISBN 3-87067-810-0

Edition C, T 345

Einband- und Innengestaltung: init,

Büro für Gestaltung, Bielefeld

Satz: AbSatz, Klein Nordende

Druck und Bindung:

Brendow Druck, Moers

Printed in Germany

Inhalt

1 Ein Leben ohne Freiräume

NEULICH rief mich eine Bekannte an und klagte über ihre vielen Termine und Verpflichtungen. Ihre Familie mit zwei Kindern erforderte vollen Einsatz, ihr 300 Quadratmeter großes Haus musste in Ordnung gehalten werden, in der Firma ihres Mannes arbeitete sie zum Teil mit. Und dann fiel der Satz, den viele von uns so oder ähnlich auch sagen könnten: »Ich habe das Gefühl, ich werde gelebt!«

Kommt Ihnen das Gefühl bekannt vor? Gelebt zu werden, getrieben und gejagt zu sein? Irgendwie kommt doch eins zum anderen und wir werden von unseren Lebensumständen in Anspruch genommen. Wir finden keine Ruhe mehr, wir scheinen keinen Freiraum zu haben für das, was uns wirklich wichtig ist. Wir haben keine Zeit mehr für die Dinge, die wir am liebsten tun. Unser Leben gleicht einem ICE-Zug, aus dem wir nicht mehr abspringen können. Und wir haben den Eindruck, dieser Zug wird immer schneller und die Haltepunkte sind kaum noch wahrnehmbar.

EIN LEBEN OHNE FREIRAUM
GLEICHT EINEM ZUG,
DER IMMER SCHNELLER FÄHRT
UND NIEMALS ANHÄLT.

Das Leben scheint uns aufzureiben. Immer wieder kommen neue Dinge und neue Aufgaben, die wir tun sollen, und oft genug übernehmen wir Pflichten, weil wir nicht »Nein« sagen können. Irgendwie meinen wir, Verantwortung tragen zu müssen. In einer Veranstaltung las eine Frau eine kurze Meditation zu diesem Thema vor:

»Wir lassen uns antreiben von einer
Verantwortung zur anderen,
leben unter dem Druck,
ständig etwas geben zu müssen,
immer Betriebsamkeit,
immer Eile.

Nicht nur uns selbst treiben wir an,
unsere Geschäftigkeit übertragen wir
auf unsere Familie,
auf unsere nächste Umwelt,
auf die Menschen um uns herum.
Wo mag das hinführen?«

Vielleicht kennen Sie Schreibhefte mit einem breiten Rand. Dieser Rand hat seinen Sinn, denn wenn wir eine Seite bereits voll geschrieben haben, können wir trotzdem später noch wertvolle Gedanken hinzufügen. Dieser Freiraum auf den Seiten ist auch der Platz, wo wir Korrekturen und Verbesserungen übersichtlich anbringen können. In der Schule ist das der Platz, wo der Lehrer seine Bemerkungen und Bewertungen niederschreibt. Ein Ort, an dem Bilanz gezogen werden kann.

Wenn diese wertvollen Anmerkungen, Bewertungen und Korrekturen zwischen die Zeilen geschrieben würden, ergebe es ein heilloses Durcheinander. Ein unübersichtliches Wirrwarr würde entstehen, durch das wir selber nicht mehr durchblicken würden, geschweige denn Außenstehende. Die Folge wird sein, dass wir irgendwann selbst resignieren und aufgeben werden, weil wir unser Leben nicht mehr ordnen können.

Natürlich liegt es an uns selbst, ob wir Schreibhefte mit breitem Rand kaufen oder nicht. Es gibt auch welche ohne Rand. In unserem Leben liegt es auch an uns selbst, ob wir Freiräume nutzen oder nicht. Wir haben dabei grundsätzlich gleiche Voraussetzungen: Uns allen stehen jeden Tag 24 Stunden zur Verfügung. Es liegt an jedem Einzelnen, wie er diese Zeit füllt. Vor kurzem habe ich ein Sprichwort gehört, das diesen Gedanken in ein schönes Bild fasst: »Unsere Tage sind wie identische Koffer. Alle sind gleich groß, aber manche Menschen packen mehr hinein als andere.«

Koffer, in die zu viel gepackt wird, stehen immer in der Gefahr zu reißen. Die Folge: Alles liegt auf der Straße, manches bleibt auf der Strecke und nichts kommt ans Ziel. Und wenn wir auf die eingepackten Dinge angewiesen sind, haben wir sie nicht mehr zur Verfügung und stehen letztlich mit leeren Händen da.

WENN UNSER
VOLL GEPACKTER KOFFER REISST,
BLEIBT VIELES AUF DER STRECKE
UND WIR KOMMEN
LEER ANS ZIEL.

Ein Gedicht von Elli Michler drückt sehr gut aus, was wir uns wünschen:

ICH wünsche dir nicht alle möglichen Gaben.
Ich wünsche dir nur,
was die meisten nicht haben.

ICH wünsche dir Zeit,
dich zu freun und zu lachen,

und wenn du sie nützt,
kannst du etwas draus machen.

Ich wünsche dir Zeit
für dein Tun und dein Denken,
nicht nur für dich selbst,
sondern auch zum Verschenken.

Ich wünsche dir Zeit –
nicht zum Hasten und Rennen,
sondern die Zeit
zum Zufriedenseinkönnen.

Ich wünsche dir Zeit –
nicht nur so zum Vertreiben.
Ich wünsche, sie möge dir
übrig bleiben.
Als Zeit für das Staunen
und Zeit für Vertraun,
anstatt nach der Zeit
auf der Uhr nur zu schaun.

ICH wünsche dir Zeit,
nach den Sternen zu greifen,
und Zeit, um zu wachsen,
das heißt, um zu reifen.

ICH wünsche dir Zeit,
neu zu hoffen, zu lieben.
Es hat keinen Sinn,
diese Zeit zu verschieben.

ICH wünsche dir Zeit,
zu dir selber zu finden,
jeden Tag, jede Stunde
als Glück zu empfinden.

ICH wünsche dir Zeit,
auch um Schuld zu vergeben.

ICH wünsche dir:
Zeit zu haben zum Leben!

2 Wir brauchen Spielraum

KINDER brauchen Spielräume, damit sie sich wohl fühlen. Aber auch Erwachsene können ohne Spielräume nicht leben. Gerade bei der Einteilung unserer Zeit brauchen wir freie Plätze im Kalender, die uns Freiräume verschaffen. Alles andere verursacht nur negativen Stress. Sie kennen vielleicht auch solche Situationen: Sie kommen 30 Minuten zu spät zu Ihrem Arzttermin, weil es 20 Minuten länger beim Frisör gedauert hat. Das wiederum kam nur, weil Sie Ihre Kinder 10 Minuten später als geplant zur Schule gebracht haben. Und dann war da noch die kleine Verzögerung, weil Ihr Auto 500 Meter vor der nächsten Tankstelle trocken gefahren war und Sie zu allem dann noch das Portemonnaie zu Hause vergessen hatten.

Was bedeutet es, Freiräume zu haben?
Im physischen Sinn: Wenn ich anstatt den Aufzug die Treppen benutze und nach drei Etagen noch

nicht außer Atem bin, zeigt mir das, dass ich fit bin und genügend Kraftreserven habe.

In finanzieller Hinsicht: Wenn ich am Ende des Monats noch Geld übrig habe und schwarze Zahlen statt rote schreibe.

In emotionaler Hinsicht: Wenn mich Störungen in meinen Plänen, unerwartete Situationen oder unvorhergesehene Schwierigkeiten nicht völlig aus der Bahn werfen, sondern ich auch dann noch ruhig reagieren kann, zeigt das, dass ich Geborgenheit empfinde und einen festen Stand habe.

Der zeitliche Aspekt: Wenn ich Zeit finde, mich mit anderen Menschen zu treffen oder selbst zur Ruhe zu kommen, bedeutet das, dass ich mich von der Hektik und Hetze nicht gefangen nehmen lasse.

Vielleicht klingt das für Sie wie aus einem Traum, weil Sie im Alltag genau das andere erleben. Es gehört zu den Krankheiten unserer Zeit, dass wir keine Freiräume haben. Die Folge davon ist eine permanente Überlastung. Wenn wir ständig in Anspannung leben, leiden wir darunter. Wir werden krank. Und das hat nicht nur Auswirkungen auf unser eigenes Leben, sondern auch die Menschen um uns herum sind davon betroffen.

EINE UNSERER KRANKHEITEN IST, DASS WIR EINFACH KEINE FREIRÄUME MEHR HABEN.

Manche von uns gehen zum Arzt, weil sie ein gebrochenes Bein haben, andere weil sie ein gebrochenes Herz haben.
Manche gehen zum Arzt, weil sie einen gereizten Magen haben, andere weil sie einen gereizten Partner oder Vorgesetzten haben.
Manche gehen zum Arzt, weil sie blutende Geschwüre haben, andere weil ihnen das Herz blutet und ihre Gefühle verrückt spielen.

Viele beklagen sich, dass sie immer in Anspannung leben, dass sie im Alltag keine Ruhepausen finden, ohne Spielräume auskommen müssen. Leider übersehen viele dabei, dass ihr Grundproblem »fehlende Freiräume« heißt. Ist es nicht paradox, dass gerade die heutige moderne Zeit als stressig empfunden wird, wo wir doch gleichzeitig in einer *Freizeit*gesellschaft leben?

Aber das scheint kein neues Phänomen zu sein. Der folgende Text ist ein Auszug aus einem Brief, den der hl. Bernhard an Papst Eugen III. (1145–1153) geschrieben hat. Ich denke, dieser Brief hat auch uns viel zu sagen. Wir sind für jedermann da, aber auch für uns selbst?

Gönne dich dir selbst

WENN du dein ganzes Leben und Erleben
Völlig ins Tätigsein verlegst und keinen Raum mehr
Für die Besinnung vorsiehst, soll ich dich da loben?
Darin lobe ich dich nicht.

WENN du ganz und gar für alle da sein willst,
nach dem Beispiel dessen, der allen alles geworden ist,
lobe ich deine Menschlichkeit – aber nur, wenn sie voll
und echt ist.

WIE kannst du aber voll und echt Mensch sein, wenn du
dich selbst verloren hast? Auch du bist ein Mensch.
Damit deine Menschlichkeit allumfassend und vollkommen sein kann,
musst du also nicht nur für alle andern, sondern auch für dich
selbst ein aufmerksames Herz haben.

WENN also alle Menschen ein Recht auf dich haben,
dann sei auch du selbst ein Mensch, der ein Recht auf sich
selbst hat.

Warum solltest einzig du selbst nichts von dir haben?
Wie lange noch schenkst du allen andern deine Aufmerksamkeit,
nur nicht dir selber?

DENK also daran: Gönne dich dir selbst.
Ich sage nicht: Tu das immer, ich sage nicht: Tu das oft,
aber ich sage: Tu es immer wieder einmal.
Sei wie für alle anderen auch für dich selbst da,
oder jedenfalls sei es nach allen anderen.

3 Uns geht es gut – eigentlich ...

DIE Fortschritte der letzten Jahrzehnte haben uns in die Lage versetzt, unser Leben sehr angenehm zu gestalten. Wir haben inzwischen den bisherigen höchsten Stand an Bildung, Technologie und Unterhaltung erreicht. Vom heutigen Komfort hätten Generationen vor uns noch nicht einmal geträumt, weil es außerhalb ihrer Vorstellungen lag.

Doch trotz aller Bequemlichkeit scheint es uns nicht besser zu gehen als den Menschen früher. Wie kann es z. B. sein, dass eine Hausfrau immer noch gestresst ist, obwohl sie die Hilfe einer Waschmaschine, einer Geschirrspülmaschine und diverser Küchengeräte sowie eines ausgeklügelten Raumreinigungssystems hat, das jeden Staubsauger in den Schatten stellt. Auch im Berufsleben haben Maschinen vieles vereinfacht. Trotzdem klagen und stöhnen wir. Unsere Probleme werden noch deutlicher, wenn wir uns die Themen vor Augen führen, die im Moment »in« sind: Zeitmanagement, Stressbewältigung, Entspannungstherapien usw.

DIE THEMEN UNSERER ZEIT SIND: ZEITMANAGEMENT, STRESSBEWÄLTIGUNG UND ENTSPANNUNGSTHERAPIEN.

Wenn wir heute doch einen zehnmal höheren Lebensstandard haben als unsere Vorfahren, warum sind wir dann nicht zehnmal glücklicher?
Wenn wir heute eine zehnmal größere technische Hilfe haben als sie, warum haben wir dann nicht zehnmal so viel Freiraum?

Irgendetwas scheint schief gegangen zu sein, denn wir sind von der Krankheit »Überlastung und Zeitdruck« befallen. Mal ehrlich: Das »Non-Stop-Leben« hat aus vielen von uns »Profi-Stöhner« gemacht. Wir stöhnen, wo wir nur können. Und einer kann es inzwischen besser und geschickter als der andere. Stöhnen und Klagen scheinen zum Volkssport Nr. 1

geworden zu sein. Wir alle packen unsere Koffer bis zum Bersten voll und beklagen uns dann, wenn er so schwer zu tragen ist.

Vor einiger Zeit musste ich an einer Sitzung teilnehmen, zu der ich auch pünktlich eintraf. Doch außer mir war nur noch ein weiterer Teilnehmer schon da. Und während wir auf die anderen warteten, sagte der Kollege zu mir: »Es muss einem heutzutage fast peinlich sein, wenn man zu Sitzungen pünktlich erscheint, denn man könnte den Anschein erwecken, entweder nicht gefragt oder nicht ausgelastet zu sein!«

WER HEUTE PÜNKTLICH IST,
SCHEINT NICHT AUSGELASTET ZU SEIN.

Ist Ihnen auch schon mal ein solcher Gedanke durch den Kopf gegangen? Was oder wer jagt uns eigentlich? In der Bibel befindet sich eine Spruchsammlung des weisen Königs Salomo. Dort heißt es: »Eine Hand voll zum Leben und dabei Ruhe und

Frieden ist besser als beide Hände voll sinnloser Jagd nach dem Wind.«

Erik war Schwede. Mit 18 Jahren wanderte er 1912 in die USA aus. Er sprach kein Englisch und war nur drei Jahre zur Schule gegangen. Er jobbte sich durchs Leben und schlief in leeren Theatersälen. Er lernte Anna kennen und heiratete sie. Sie bekamen sechs Kinder, von denen zwei bereits im Säuglingsalter starben. Dann kam die weltweite Wirtschaftskrise und Erik erkrankte zudem noch an Tuberkulose. Er verlor einen Lungenflügel und verbrachte über sieben Jahre in Krankenhäusern. In den sieben Jahren mussten Anna und ihre Kinder sehr hart arbeiten, um überhaupt zu überleben. Nach diesen schweren Jahren kaufte die Familie einen Bauernhof. Aber kurze Zeit später erkrankten alle Kühe. Es war ein hartes Leben.
Wenn Erik sich irgendetwas hätte wünschen dürfen, um sein Leben zu erleichtern, dann wären es sehr wahrscheinlich die folgenden sechs Dinge gewesen:

1. Gesundheit für sich und seine Familie.
2. Dass seine Kinder nicht so jung an einer unbekannten Krankheit gestorben wären.
3. Dass er mehr Bildung bekommen hätte.
4. Ein warmes Haus im Winter und genügend gute Nahrung.
5. Vielleicht ein paar Pferde, gutes Saatgut und reichlich Dünger.
6. Vielleicht auch einmal ein Besuch in seiner alten Heimat in Schweden.

Heute hätte er die Möglichkeit, viele seiner Wünsche erfüllt zu bekommen. Das Gesundheitswesen hat Sprünge nach vorne gemacht, seinen Kindern hätte mit großer Wahrscheinlichkeit geholfen werden können, die allgemeine Schulpflicht und das Bildungsangebot sind im Vergleich zu damals um Klassen besser usw.

Doch haben uns die Vorteile der westlichen Kultur glücklicher gemacht? Die Formel »Fortschritt = mehr Zufriedenheit« hat nicht funktioniert. Genügend Nahrung + Gesundheit + Schutz und Wärme + Wohlstand haben unsere Idealvorstellungen doch nicht erreichen können. Wir suchen immer mehr als das, was wir gerade erreicht haben und leben dabei in Gegensätzen. Die Schwachstellen in unserer Gesellschaft nehmen zu, und das quer durch alle Kreise und Schichten.

Ehen werden geschieden, in manchen Regionen übertreffen die Scheidungen die Eheschließungen, die Zahl der Drogentoten nimmt zu, Selbstmorde sind an der Tagesordnung, die Kriminalität und die Bereitschaft zur Gewalt wächst. Die materiellen Wünsche führen dazu, dass immer mehr Familien und auch Einzelpersonen in Deutschland überschuldet sind. Die Zahl der überschuldeten Haushalte geht in die Millionen. Und es stellt sich die Frage, ob es das ist, was wir im Leben wirklich wollen.

Statistisch gesehen sind es gerade die fortschrittlichsten Kulturen, in denen die Menschen den wenigsten Freiraum im Leben haben.

4 Höher, schneller, weiter

Wie sieht unser Alltag aus? Wir haben Besitz, den wir pflegen müssen, vielleicht ein Auto, ein Eigenheim oder andere Dinge. Wir haben Aufgaben, Hobbys, Nebenjobs, die Zeit brauchen. In Kanada, wo ich aufgewachsen bin, kann man rund um die Uhr an 365 Tagen im Jahr einkaufen. In vielen Großstädten, auch hier in Europa, ist das Leben nachts fast so wie am Tag.
Auch wenn die Arbeitszeit verkürzt wird, verlängert sich die Arbeitswoche, denn die eingesparte Zeit wird mit anderen Aktivitäten verbracht. Theoretisch müsste unser Freiraum wachsen, aber genau das Gegenteil ist der Fall.

Vor kurzem las ich eine interessante Studie, die zeigt, womit ein Durchschnittsmensch so seine Zeit verbringt:
6 Monate verbringen wir vor roten Ampeln. 1 Jahr lang suchen wir nach Dingen, die wir verlegt haben.

2 Jahre verbringen wir mit Telefonaten, ohne jemanden zu erreichen, weil entweder besetzt oder der Gesprächspartner nicht zu Hause ist. 5 Jahre stehen wir in irgendwelchen Warteschlangen.
3 Jahre nimmt der Durchschnittsmensch an Sitzungen teil. Alle 8 Minuten werden Führungspersonen in ihren Tätigkeiten unterbrochen. Dazu kommt dann noch, dass jeder von uns jährlich ca. 20 Kilogramm Werbepost in den Abfall wirft.

Was haben die Menschen nur früher so alles gemacht, als es noch keine Ampeln, kein Fernsehen, keine überfrachteten Schreibtische, keine überfüllten Taschenkalender und Taschendatenbanken gab?
Was haben wir bloß gemacht, als wir noch nicht durch überfüllte Fußgängerzonen schlenderten, um Dinge mit dem durch Nebenjobs hart verdienten Geld zu kaufen, die wir nicht brauchen.

Natürlich kommen wir mit Autos schneller ans Ziel, aber wir haben auch viel mehr Ziele. Natürlich haben wir mehr Haushaltsgeräte, die uns die Arbeit zu Hause erleichtern, aber wir besitzen auch viel mehr Dinge, die gepflegt werden müssen. In einer Tageszeitung las ich die Headline: »Frauen geht´s heute nicht besser als ihren Großmüttern«. In dem Artikel hieß es: »Der Organisationsaufwand ist gewachsen sowie der Zwang zum Perfektionismus. Die Ansprüche sind gewachsen, alles besser zu machen und schneller damit fertig zu werden.«

MIT DEM FORTSCHRITT
SIND AUCH DIE ANSPRÜCHE GESTIEGEN.

Wir leben nach dem Motto »Höher, schneller, weiter«. Früher war ein Brief wochenlang unterwegs (per Pony-Post), dann verkürzte sich das auf wenige Tage, dann auf 24 Stunden und heute dauert er per e-mail nur noch Sekunden. Ein Publizist schrieb: »Das Faxgerät hat jeden letzten Sinn für Geduld und Gnade zerstört. Viele sind schon so ungeduldig, dass sie anrufen, wenn dein Faxgerät besetzt ist.«

Auch wenn wir es versuchen, die Zeit lässt sich schlecht einfangen. Sie ist wie ein schwarzes Wildpferd, das nur mit viel Bedacht gezähmt werden kann. Da fliegen die Tage, Wochen und Monate nur so an uns vorbei, und schon ist wieder Silvester. Auf der anderen Seite zieht sich die Zeit, wenn sie schneller gehen soll. Zwei Wochen Hawaii gehen eben schneller rum als zwei Wochen auf Diät. Wenn wir Gäste haben, können zwei Stunden endlos sein, für andere ist eine Woche nicht lang genug. Wenn eine Prüfung ansteht, kommt der Termin immer schneller als man denkt. Fristen laufen schneller ab, als wir uns vorstellen können. Wenn es in unserem Leben aber darum geht, sich von bestimmten Gewohnheiten zu trennen, scheint die Zeit stehen zu bleiben.

Wie erleben wir eigentlich Zeit? Wenn wir einmal unseren Wortschatz überprüfen, stoßen wir auf viele Worte mit Zeit: keine Zeit haben; Mangel an Zeit; Zeit gewinnen oder stehlen; Zeiteinteilung; Zeitmanagement u. v. m. Nicht wir können mit der Zeit umgehen, sondern sie scheint mit uns umzugehen wie sie will. Haben Sie schon einmal überlegt, wie viele akustische Signale es gibt, die uns animieren, etwas zu tun? Aufzuwachen, aufzustehen, anzufangen, schneller zu machen, zu kommen oder zu gehen. Die Türklingel, das Telefon, der Ton des Faxgerätes, Autohupen, Piepser, Alarmanlagen, Sirenen – wir kennen den Klang. Aber wo sind die Signale, die uns aufrufen, langsamer zu machen, weniger zu tun, aufzuhören und zur Ruhe zu kommen, stille zu werden?

Die Einzigen, die unsere Zeit in den Griff bekommen können, sind wir selbst! Dauerstress, überfüllte Terminkalender und ein Leben ohne Freiräume verursachen chronische Überlastungen. Diese Überlastung hat negative Auswirkungen auf unser Leben:

1. Sie raubt uns Ruhepausen, Zeiten, in denen wir auftanken und uns erholen können. Es bleibt kein Platz mehr für ruhige Momente, wo wir mal über uns selbst nachdenken können und

uns wesentliche Veränderungen vor Augen führen können. Sie raubt uns die Zeit zum Bilanz ziehen.

2. Sie bewirkt, dass uns der Spaß an der Arbeit fehlt. Das wirkt sich auch auf unsere Beziehungen aus, denn unser gesamtes Befinden ist negativ.
3. Sie bewirkt auch, dass wir keine Zeit finden, Gott besser kennen zu lernen. Wir finden keine Zeit mehr, mit ihm über unser Leben zu sprechen, neue Kräfte zu schöpfen und neue Perspektiven zu gewinnen.

Ein Sprichwort sagt: »Die meisten Menschen vergessen Gott tagsüber, bitten ihn aber abends, an sie zu denken!« Gehören wir vielleicht auch zu diesen Menschen? Wünschen wir uns vielleicht, dass wir endlich einmal zur Ruhe kommen können, um Dinge in unserem Leben ordnen zu können?

In der Bibel gibt es einen Psalm, der für jeden gestressten Menschen ein Ruhepol sein kann:

»Der Herr ist mein Hirte, mir wird nichts mangeln. Er weidet mich auf einer grünen Aue und führet mich zum frischen Wasser. Er erquicket meine Seele.« (Psalm 23, 1-3)

Was glauben Sie? Denkt Gott heute ganz anders über unsere Zeit? Über unsere Kräfte? Hat er damals für Erfrischung gesorgt, während er heute »pro Erschöpfung« ist? Führt er uns nicht mehr zum stillen, frischen Wasser oder auf grüne Auen? Wenn Gott heute noch genauso handelt wie damals, hätten wir überhaupt noch Zeit, uns erquicken zu lassen? Hätten wir überhaupt noch Termine frei, wo er uns auf frische Weiden führen könnte?

Hätten wir überhaupt noch Zeit für eine himmlische Erfrischung?

Wir sind damit beschäftigt, uns das Leben zu erleichtern und merken manchmal gar nicht, wie uns das in ganz neue Zwänge führt. Wir müssen produktiv sein. Und wenn wir es mal nicht sind, dann werden wir ganz unruhig, bekommen ein schlechtes Gewissen und werden rappelig. Manche von uns sind überhaupt nicht mehr fähig, einmal nichts zu tun oder Stille in ihrem Leben auszuhalten und zu nutzen.

Natürlich ermöglichen Geschwindigkeit und Effizienz eine hohe Produktivität und damit Erfolge, aber weil wir gleichzeitig auch auf Qualität setzen, bewegen wir uns immer im Kreis und werden dabei immer schneller. Am Ende sind wir fertig, körperlich und auch mit den Beziehungen in unserer Familie, im Freundeskreis und auch mit der Beziehung zu Gott. Und damit drehen wir uns selbst den Hahn zum frischen, erquickenden Wasser ab und versperren uns den Weg zur grünen Au, wo wir neue Kraft, Mut und Perspektive gewinnen könnten.

5 Wie wir Überlastung erkennen können

JEDER von uns reagiert auf Überlastungen anders, weil auch jeder von uns unterschiedlich belastbar ist. Trotzdem gibt es Erkennungszeichen, die als Barometer dienen können:

1. Besorgnis und Unruhe

Der Kabarettist Rüdiger Hoffmann würde diesen Zustand mit »gereizt« beschreiben, unsere Kinder mit »genervt«. Besorgnis und Unruhe kommen in unser Leben, wenn wir uns über zu vieles Sorgen machen. Wenn unsere Gedanken immer um dieselben Probleme kreisen und unser Kopf voll davon ist. Wenn wir nicht mehr abschalten können, weil wir unsicher sind, wie unser Leben weitergehen wird oder wenn wir uns um zu viele Dinge kümmern, die uns vielleicht gar nicht unmittelbar betreffen.

2. Feindseligkeit

Wenn wir aus Zeitdruck oder Überlastung andere beschuldigen. Das geht dann nach dem Motto: »Wenn ich schon unter Stress zu leiden habe, dann bitte nicht noch unter Schuldgefühlen.« Deshalb wird die Schuld auf andere gewälzt. Ich mache andere für meine Situation verantwortlich.

3. Häufige Auseinandersetzungen mit anderen Menschen

Diese können zum Beispiel dadurch entstehen, dass wir uns unbewusst oder bewusst mit anderen in einem Wettbewerb sehen. Wenn wir uns ständig mit anderen vergleichen, kommen wir leicht dahin, immer die Besten sein zu wollen. Das führt dazu, dass wir mehr wissen wollen als andere, mehr besitzen wollen als sie, mehr darstellen wollen – und das bringt Stress und auch Auseinandersetzungen mit anderen mit sich. Wenn wir immer nur an unser eigenes Wohl denken und anderen nichts gönnen können, werden wir garantiert immer häufiger Auseinandersetzungen mit ihnen erleben.

4. Enttäuschungen und Unzufriedenheit

Wenn wir unsere eigenen Erwartungen und die der anderen an uns nicht erfüllen können, werden wir unzufrieden. Oft liegt das daran, dass unsere Erwartungen und die der anderen unrealistisch sind. Enttäuschte Erwartungen bewirken Unzufriedenheit. Wer unzufrieden ist, kann zum notorischen Nörgler werden, weil es ihm missfällt, wenn andere zufrieden sind. Die Folge: Er verbreitet Unzufriedenheit. Meistens fällt es unzufriedenen Menschen sehr schwer, anderen etwas zu gönnen oder sich über den Erfolg der anderen zu freuen.

5. Selbstmitleid und Vereinsamung

Diese stellen sich ein, wenn wir nicht den geplanten Erfolg haben oder die gewünschte Anerkennung bekommen. Manche meinen, ein ausgefüllter Terminkalender sei ein ausgefülltes Leben und sie reden ständig über ihre vielen Aktivitäten, um Lob und Anerkennung zu erhalten. Bleiben diese dann aus, reden sie trotzdem über die vielen Aktivitäten, um wenigstens Mitleid zu bekommen. Wenn auch das nicht funktioniert, bleibt ihnen wenigstens noch das Selbstmitleid. Dies kann zur Vereinsamung führen.

6. Groll und Bitterkeit

Wenn unsere Aufgaben uns zu viel und zu schwer werden, werden sie uns irgendwann zum Feind. Wir verlieren den Spaß daran, und aus Freude und Eifer werden Groll und Bitterkeit.

Ich bin überzeugt, dass wir an anderen sofort sehen können, ob sie ihre Aufgaben mit Freude erledigen oder nicht. Wir können sicher sein, dass die anderen es uns genauso leicht ansehen werden.

6 Test: Haben Sie Zeit?

DER folgende Test konfrontiert Sie mit Ihrem Umgang mit der Zeit. Wächst Ihnen die Arbeit über den Kopf oder finden Sie Freiräume?

1. Welche Wichtigkeit (1-6) haben die folgenden Bereiche in Ihrem Leben und welche Wichtigkeit sollen sie in Zukunft haben. Die Zahl 1 steht für die höchste Priorität.

Zeit mit dem Partner/der Partnerin

Heute ______

In Zukunft ______

Zeit für die Kinder/den Rest der Familie

Heute ______

In Zukunft ______

Zeit für Hobbys/Freizeitgestaltung

Heute ______

In Zukunft ______

Zeit für Erholung/Entspannung

Heute ______________________________

In Zukunft ______________________________

Überstunden auf der Arbeit

Heute ______________________________

In Zukunft ______________________________

Aktivität für Kirche/Gemeinde

Heute ______________________________

In Zukunft ______________________________

Engagement in Vereinen

Heute ______________________________

In Zukunft ______________________________

Zeit mit Freunden

Heute ______________________________

In Zukunft ______________________________

Zeit mit Gott

Heute ______________________________

In Zukunft ______________________________

2. Schreiben Sie auf, an welchen Aktivitäten Sie regelmäßig außer Haus teilnehmen, einschließlich kirchlicher Veranstaltungen. Dann überschlagen Sie, wie viele Stunden Sie wöchentlich für die jeweilige Tätigkeit aufwenden.

Aktivität ______________________

Zeit dafür ______________________

Vorbereitung ______________________

Fahrtzeit ______________________

Gesamt ______________________

Aktivität ______________________

Zeit dafür ______________________

Vorbereitung ______________________

Fahrtzeit ______________________

Gesamt ______________________

Aktivität ____________________

Zeit dafür ____________________

Vorbereitung ____________________

Fahrtzeit ____________________

Gesamt ____________________

Aktivität ____________________

Zeit dafür ____________________

Vorbereitung ____________________

Fahrtzeit ____________________

Gesamt ____________________

Aktivität ____________________

Zeit dafür ____________________

Vorbereitung ____________________

Fahrtzeit ____________________

Gesamt ____________________

Insg. Std./Woche ____________________

3. Wie viel Zeit verbringen Sie in der Woche:

… ausschließlich mit dem Partner?

____________________ Std./Woche

… ausschließlich mit den Kindern?

____________________ Std./Woche

… mit Freunden (persönlich oder am Telefon)

____________________ Std./Woche

… im Gespräch mit Gott?

____________________ Std./Woche

… mit Fernsehen?

____________________ Std./Woche

… mit Hobbys?

____________________ Std./Woche

… mit Überstunden?

____________________ Std./Woche

GESAMTSTUNDEN PRO WOCHE:

____

4. Nehmen Sie sich jetzt einige Minuten, um Ihre Antworten zu betrachten. Danach beantworten Sie bitte die folgenden Fragen:

Welches sind Ihre drei zeitintensivsten Aktivitäten?

Mit welchen drei Tätigkeiten verbringen Sie am wenigsten Zeit?

5. Vergleichen Sie die Ergebnisse unter 3 mit Ihrer persönlichen Wunsch-Prioritätenliste (1). Spiegeln sich Ihre Wünsche in Ihrer derzeitigen Zeiteinteilung wider? Falls nicht, weshalb nicht?

6. Denken Sie darüber nach, wie Sie Ihre Freizeit verbringen!

Wofür würden Sie gerne mehr Zeit aufbringen?

Wofür würden Sie gerne weniger Zeit opfern?

7 Tipps für mehr Freiraum

VIELLEICHT haben Sie durch die ersten Kapitel und den Test einen Blick dafür bekommen, dass Ihnen Freiräume fehlen. Damit wir nicht bei der Diagnose stehen bleiben, habe ich einige Vorschläge, wie Sie sich Freiraum schaffen bzw. vorhandene Freiräume besser nutzen können:

1. Das Unerwartete erwarten

Fast alles nimmt mehr Zeit in Anspruch als wir geplant haben. Wenn wir z. B. immer zu spät kommen, weil wir die Dinge nicht so schnell erledigen können, sollten wir immer 20 % mehr Zeit rechnen, als wir ursprünglich für die Erfüllung der Aufgaben geplant hätten.

2. »Nein« sagen lernen

»Nein« zu sagen ist nicht nur eine gute Idee – es ist eine Notwendigkeit. Wenn es 100 gute Dinge zu tun gibt, ich aber nur Zeit für zehn habe, muss ich 90

Mal »Nein« sagen, auch wenn es schwer fällt. Das Wichtige vor das Eilige setzen!

WENIGER IST OFT MEHR.

3. Aktivitäten beschneiden

Unsere Aktivitäten und Verpflichtungen wachsen ständig und ufern irgendwann aus, so wie Äste an Bäumen manchmal wild wuchern. Es ist allgemein schwieriger, etwas aufzuhören als es anzufangen. Und doch müssen wir von Zeit zu Zeit unsere Beschäftigungen beschneiden wie einen Strauch oder einen Baum. Ganz nach dem Motto: »Ein ausgeruhter Acker trägt viel Frucht!«

4. Einfachheit üben

Wir besitzen und kaufen viele Dinge, die wir nicht brauchen. Das raubt Zeit. Der englische Schriftsteller G. K. Chesterton hat einmal gesagt: »Es gibt nur zwei Wege, genug zu bekommen: Erstens weiter mehr und mehr anschaffen, oder zweitens weniger von allem verlangen.« Überflüssige Beschäftigungen und Besitztümer sind Zeitdiebe. Was brauchen Sie wirklich?

»NEIN« SAGEN ZUM GUTEN. »JA« SAGEN ZUM BESTEN.

5. GENIESSEN VON VERGANGENEM

Lassen Sie Freiräume zwischen Ihren Aktivitäten, um in Ruhe über Erlebtes nachzudenken. Haben Sie eigentlich schon die Fotos von Ihrem letzten Urlaub eingeklebt?

WER SICH ERINNERT, LEBT ZWEIMAL.

6. ZEIT FÜR ENTSCHEIDUNGEN

Einblick, Durchblick, Erkenntnis – all das wächst nicht über Nacht. Selten sind sie das Produkt einer schnellen Überlegung oder Tat. Je wichtiger eine Entscheidung, desto langsamer sollten Sie sie treffen. Nehmen Sie sich Zeit, Klarheit zu finden!

7. ZEIT ZUM ZUHÖREN

Versuchen Sie heute, mindestens zwei Menschen

zuzuhören, ohne sie zu unterbrechen oder innerlich abzuschalten! Wenn wir überlastet sind, werden wir müde. Müdigkeit aber macht reizbar, und Reizbarkeit macht gleichgültig, und Gleichgültigkeit kann von dem Partner, Kind oder Freund als Mangel an Liebe verstanden werden. Wertvolle, geschätzte Beziehungen wie Ehe, Familie, Freundschaften, Nachbarn usw. brauchen Zeit, sonst kommen sie zu kurz. Nehmen Sie sich Zeit, anderen wirklich zuzuhören!

8. Lernen Sie warten!

Stellen Sie sich z. B. an der längsten Schlange vor der Supermarkt-Kasse an. Das empfehlen übrigens auch Herzspezialisten – und Sie üben sich in Geduld!

9. Freiraum für sich selbst!

Warum? Damit Sie Ihr Leben begutachten und bewerten können. Damit Sie Bilanz ziehen können und sich in Zukunft auf das Wesentliche konzentrieren.

10. Freiraum für Gott schaffen!

Dies ist wohl der wichtigste und ergiebigste Rat. Denn erst in der Gegenwart dessen, der Ihr Leben und Ihre Zeit in seinen Händen hält, bekommen Sie die richtige Lebensperspektive. Hier können Sie auftanken, sich ausruhen, abladen und von Gott selbst lernen. »Kommt her zu mir alle, die ihr mühselig und beladen seid, ich will euch erquicken! Nehmt auf euch mein Joch und lernt von mir, denn ich bin sanftmütig und von Herzen demütig; so werdet ihr Ruhe finden für eure Seelen.« (Mt 11, 28+29)

8 Lebendige Edelsteine

Es kann sein, dass Sie sich jetzt fragen, wie Sie die Gedanken dieses Buches denn nun in den praktischen Alltag umsetzen können. Wie können Sie ein Mensch werden,

... der ausgeglichen ist,
... der wirklich Zufriedenheit und Geborgenheit erlebt,
... der täglich genug Kraft und Zeit für die verschiedenen Aufgaben und Anforderungen findet,
... der eine tiefe, innere Ruhe hat, egal was passiert oder auch nicht passiert,
... der gute zwischenmenschliche Beziehungen pflegen und genießen kann,
... der keine negative, sondern eine positive Ausstrahlung hat.

Aus meiner Sicht gibt es nur einen Weg, und der hat mit einer persönlichen Beziehung zu Gott zu tun. Wenn wir Zeit mit Gott verbringen, dann wird uns das davor bewahren, uns im Alltag jagen zu lassen. Gott möchte uns Kraft schenken, er will für uns sorgen und uns Lösungen für unsere Probleme zeigen. Er möchte uns Perspektiven für die Zukunft zeigen und uns Antworten auf unsere Fragen geben.

Gott möchte, dass wir wie Edelsteine sind.

Wissen Sie, was Gott selbst über die Menschen sagt, die sich Zeit für ihn nehmen, die sich von ihm beraten, pflegen und versorgen lassen? »Wie funkelnde Edelsteine werden sie das Land zieren!« (Sach 9,16). Gott möchte uns – im übertragenen Sinn – schleifen, polieren und pflegen, sodass wir funkeln wie die Edelsteine, d. h. eine positive Ausstrahlung haben. Wir sollen glänzen! Aber nicht dadurch, dass wir uns selbst ausbeuten und völlig ausgepowert nach Zielen lechzen, die wir dann doch nicht erreichen werden. Gott möchte uns das schenken, was wir immer sein wollen! Edelsteine

sind attraktiv, anziehend und sehenswert. Sie strahlen Schönheit aus und werden bewundert. Idar-Oberstein wird als Stadt der Edelsteine bezeichnet. Jährlich fahren tausende Touristen dorthin, um die vielen Edelsteine zu bewundern.
Dieses Bild soll jetzt nicht bedeuten, dass wir auf dem Podest stehen und von allen bewundert werden. Aber im übertragenen Sinn möchte Gott, dass wir wie Edelsteine sind: wertvoll!

Der Vergleich mit den Edelsteinen hat aber auch noch eine andere Seite: Werden Edelsteine nicht regelmäßig gepflegt und gereinigt, verlieren sie ihren Glanz. Sie werden stumpf und uninteressant. Sie verlieren ihre Ausstrahlungskraft. Letztlich wird keiner mehr ihren ursprünglichen Wert einschätzen können.

Genauso ist es mit uns Menschen. Wir können alles Mögliche ausprobieren, um unser Leben selbst zu gestalten. Aber ohne Ruhepunkte und ohne Gottes Pflege (und dafür braucht man Zeit!) verlieren wir unseren Schliff. »Ruhe zieht das Leben an, Unruhe verscheucht es«, sagt ein Sprichwort.

Einige Fragen zur Selbstprüfung:

1. Funkeln wir noch?
2. Wie sieht es aus mit unserer Ausstrahlung am Arbeitsplatz, in der Familie, Ehe, bei den Nachbarn oder im Freundeskreis?
3. Wie werden wir von außen gesehen? Was würden unsere Partner, Kinder, Eltern, Kollegen, Freunde oder Bekannte über unsere Ausstrahlungskraft sagen?
4. Was strahlen wir aus? Geben wir negative oder positive Impulse? Verbreiten wir Hektik oder Ruhe, Besorgnis oder Zufriedenheit, wirken wir anziehend oder abstoßend auf andere Menschen? Wirken wir wohltuend auf andere oder machen wir ihnen das Leben schwer?

Es gibt ja Momente im Leben, in denen wir Bilanz ziehen. Das bedeutet, dass wir uns fragen, wie wir bisher gelebt haben und ob wir in gleicher Weise weiterleben oder ob wir etwas verändern möchten. Wenn Sie Ihr Leben so gestalten möchten, dass es nicht nur gefüllt oder vielleicht überfüllt, sondern erfüllt ist, dann mache ich folgenden Vorschlag: Lassen Sie Gott einmal am Rand Ihres vollbeschriebenen (Lebens-)Blattes eine Auswertung vornehmen. Er ist der Erfinder des Lebens und kann daher die besten Vorschläge machen, wie er sich das Leben gedacht hat. Nur Gott kann uns wirklich alles geben, was wir brauchen. Und das ist sehr viel! Es gibt so viel, was er uns schenken möchte.

ES GIBT EINEN, DER UNS DAS SCHENKEN MÖCHTE, WAS WIR SELBST NIE SCHAFFEN KÖNNEN.

Wer Gott sucht und seine Zusagen für sich persönlich in Anspruch nimmt, der findet neue Perspektiven. Gott bietet keine ausgetrocknete Quelle an oder ein vertrocknetes Feld, sondern fließendes, lebendiges Wasser und saftige, grüne Auen. Wer diese Kraftquelle außer Acht lässt und sie nicht anzapft, der wird irgendwann vor Erschöpfung umfallen, weil er sich nur um sich selbst gedreht hat. Gott möchte für uns sorgen, wie es im Psalm 23 beschrieben wird.

Die Meditation zu Beginn dieses Buches hatte noch einen zweiten Teil:

Wo ist der Brunnen unserer Kraft?
Wo erwächst uns Liebe und Freude,
Geduld und Ruhe?
Kann es sein, Gott, dass es ein Gespräch
mit dir braucht, um neue Maßstäbe,
eine andere Blickrichtung zu bekommen?

HERR, öffne du mir die Augen.
Lass mich mich selbst erkennen.
Und halte mich fest, wenn ich an meinen
eigenen Anforderungen resignieren will.

9 Der Herr gibt mir das Tempo an

Gott möchte, dass wir zur Ruhe kommen. Er möchte, dass wir uns Zeit nehmen, damit er uns begegnen kann. Das war schon vor vielen tausend Jahren so. Der bereits zitierte Psalm 23 drückt es sehr gut aus:

Der Herr ist mein Hirte,
mir wird nichts mangeln.
Er weidet mich auf einer grünen Aue
und führet mich zum frischen Wasser.
Er erquicket meine Seele.
Er führet mich auf rechter Straße
um seines Namens willen.
Und ob ich schon wanderte
im finsteren Tal,
fürchte ich kein Unglück,
denn du bist bei mir,
dein Stecken und Stab
trösten mich.

DU bereitest vor mir einen Tisch
im Angesicht meiner Feinde.
DU salbest mein Haupt mit Öl
und schenkest mir voll ein.
GUTES und Barmherzigkeit werden mir folgen
mein Leben lang,
und ich werde bleiben im Hause des Herrn
immerdar.

Von diesem Psalm hat es im Laufe der Jahrhunderte immer wieder Neuinterpretationen gegeben. Die folgenden drei Versionen haben jede für sich wichtige Aspekte und setzen andere Akzente:

DER HERR GIBT MIR DAS TEMPO AN

Psalm 23 in einer Neufassung der Japanerin Toki Miyaschina

DER Herr gibt mir für meine Arbeit
das Tempo an,
ich brauche nicht zu hetzen.

Er gibt mir immer wieder einen Augenblick der Stille, eine Atempause,
in der ich zu mir komme.
Er stellt mir Bilder vor die Seele,
die mich sammeln
und mir Gelassenheit geben.
Oft lässt er mir mühelos etwas gelingen,
und es überrascht mich selbst, wie zuversichtlich ich sein kann.
Ich merke:
Wenn man sich diesem Herrn vertraut, bleibt das Herz ruhig.
Obwohl ich viel zu viel Arbeit habe,
brauche ich doch den Frieden nicht zu verlieren.
Er ist in jeder Stunde da und in allen Dingen,
und so verliert
alles andere sein bedrohliches Gesicht.
Oft, mitten im Gedränge, gibt er mir ein Erlebnis,
das mir Mut macht.
Das ist, als ob mir einer eine Erfrischung reichte,

und dann ist der Friede da und eine tiefe Geborgenheit.
Ich spüre, wie meine Kraft dabei wächst,
wie ich ausgeglichen werde und mir mein Tagewerk gelingt.
Darüber hinaus ist es einfach schön, zu wissen,
dass ich meinem Herrn auf der Spur
und dass ich, jetzt und immer,
bei ihm zu Hause bin.
Amen

Der Hirte aller Hirten

Psalm 23 auf indianisch

Der große Geist droben ist der Hirte aller Hirten.
Ich bin sein, und mit ihm mangelt mir nichts.
Er wirft mir ein Seil zu, und das Seil heißt Liebe,
und er zieht mich sehr sanft dorthin, wo das
Gras grün und das Wasser nicht gefährlich ist.
Und ich esse und lege mich gesättigt nieder.

Oftmals ist mein Herz schwach und entfällt mir.
Aber er hebt es wieder empor und zieht mich
auf eine
gute Straße, denn sein Name ist wunderbar.

Dereinst – es mag sehr bald sein, es mag etwas
später sein,
vielleicht viel später – wird er mich in ein enges
Tal ziehen,
das zwischen den Bergen liegt. Es ist dunkel
dort,
aber ich werde nicht umkehren und mich auch
nicht fürchten,
denn dort, zwischen den Bergen,
wird der große Hirte mir begegnen,
und der Hunger, den ich in meinem Herzen
das ganze Leben hindurch verspürte, wird ge-
stillt werden.

Oftmals macht er aus dem Seil eine Peitsche.
Aber hernach gibt er mir den Stab,
auf den ich mich lehnen kann.

Er bereitet vor mir einen Tisch mit mancherlei Speisen.
Er legt seine Hand auf mein Haupt und alle Müdigkeit ist dahin.
Er füllt meinen Becher, bis er überläuft.
Was ich sage, ist wahr, es ist keine Lüge.
Die Straßen, die vor mir liegen,
werden mich durch dieses Leben führen.
Hernach werde ich hingehen, in dem großen Lager zu wohnen,
und mich niedersetzen mit dem großen Hirten immerdar.

»Du bist meine Warft«

Psalm 23 aus Sicht eines Seemanns

Der Herr ist meine Warft.
Er leitet mich, wenn ich durch das Watt gehe,
und bei aufkommendem Nebel
lässt er mich nicht aus den Augen.

Er lässt mich immer wieder heimkehren
um seines Namens willen.
Und wenn von Nordwest
des Todes gewaltige Fluten kommen
und die kleine Hallig überspülen,
fürchte ich mich nicht,
denn du bist meine Warft,
mein Schutz im Brüllen der Wogen.
(Pastor Dietrich Heyde)

Reinhold Ruthe
Ich mag mich
Wege zum
Selbstvertrauen
ISBN 3-87067-812-7

Reinhold Ruthe
Wenn Kinder eigene Wege gehen
Freigeben und loslassen
ISBN 3-87067-809-7

Christl Gelhausen
Ich will frei sein
Innere Freiheit
neu entdecken
ISBN 3-87067-811-9

Brendow impuls

Taschenbuch, jeweils 64 Seiten mit zweifarbigem Innenteil